Scheherazade 44

Stefan Koppermann, Rüdiger Schneider

Scheherazade 44

Zeitschrift für Literatur

Bibliografische Information der Deutschen Nationalbibliothek: Die Deutsche Nationalbibliothek verzeichnet diese Publikation in der Deutschen Nationalbibliografie; detaillierte bibliografische Daten sind im Internet über http://dnb.d-nb.de abrufbar.

ISBN: 9783754396988

Herstellung und Verlag: BoD - Books on Demand, Norderstedt

Inhalt

Vorwort

Viel Lob gab es, aber auch etwas Kritik, als nach langer Pause die ‚Scheherazade‘ mit der Nummer 43 erschien. Die Kritik kam von der Kathi Limburger aus Koblenz.

„'Grün und dumm‘! Wie kann man so einen Literaturtipp geben?"

Kathi ist in der Partei der Grünen.

„Zugegeben", sage ich, „der Titel ist etwas reißerisch, aber der Inhalt hoch wissenschaftlich. Die Geschichte mit dem Kohlendioxid ist nämlich nichts Anderes als eine völlig unbewiesene Hypothese, mit der ihr die ganze Welt veralbert. Kohlendioxid ist kein Treibhausgas. Lies es nach!"

„So ein Buch pack ich nicht an. Und noch etwas", sagt sie. „In der Zeitschrift entdecke ich auch sexistische Tendenzen. Beim Pianospiel übers Pimpern reden! Wie kann man nur!"

„Na und!? Ohne Vater und Mutter wärst du gar nicht auf der Welt. Warum soll man bei Klaviermusik nicht darüber reden dürfen?"

„So, so! Und warum versteckt ihr die kleine Geschichte ‚O mito do boto' im Spanischen?"

„Das ist kein Spanisch. Portugiesisch. Die Übersetzung holen wir in der nächsten Ausgabe nach. Aber schön, dass du dir gewisse Gedanken darüber gemacht hast."

„Jetzt noch eins: Würdet ihr, was die Grünen betrifft, auch Gegenstimmen dulden?" fragt sie. „Ich habe da ein kleines Gedicht."

„Na klar! Schick es zu! Wir haben keine Zensur."

So kommt es also, dass Kathi Limburgers Gedicht hier aufgenommen ist.

Beiträge sind willkommen. Egal, ob ihr grün oder rot oder schwarz oder einfach nur blau seid. Egal, ob ihr gegen Coronamaßnahmen protestiert oder die Maske sogar beim Telefonieren tragt. Ein Text à la Charles Bukowski ist uns genauso lieb wie der Beitrag einer frommen Nonne. Nur her damit!

Rüdiger Schneider, Bad Breisig, im Oktober 2021

Doña Anna

Eigentlich hieß sie Anna Margareta Klein. Aber da sie im Kontor unserer Firma verantwortlich war für die spanische Korrespondenz und große schwarze Augen hatte wie eine Spanierin, nannten wir sie nur noch Doña Anna.

Mit diesen merkwürdigen Augen hatte sie uns in der Gewalt und beherrschte uns, als verstünde sie sich auf die Kunst der schwarzen Magie. Gebannt saßen wir über unseren Abrechnungen, wenn Doña Anna vorüberschritt, erhobenen Hauptes, einen wichtigen Brief in der Hand und uns ansah, dass wir verwirrt die Köpfe senkten.

Verhext hatte sie besonders unseren Prokuristen. In ihm, dem hässlichsten Mann des Kontors, den wir zum Spott nur Giovanni nannten, fand sie ein wehrloses Opfer. Sah sie ihn an mit ihren schwarzen Augen, so wurde Giovanni abwechselnd bleich und rot, bekam das Zittern, und nicht selten geschah es, dass er aufsprang und irgendwohin davonlief. Dieses Spiel trieb Doña Anna mit sichtlicher Genugtuung Tag für Tag, genoss ihre Macht, und es schien nur noch eine Frage der Zeit, wann sie den Giovanni endgültig entnervt und zerrüttet hätte.

Doch es kam anders. Vom einen auf den anderen Tag veränderte Giovanni sein Verhalten, würdigte Doña Anna keines Blickes mehr und saß stattdessen verbissen mit zusammengekniffenen Augen an seinem Pult und studierte in jeder freien Minute Schachbücher. Dazu spielte er auf einem kleinen Brett einzelne Partien nach. Doña Anna schien für ihn überhaupt nicht mehr zu existieren. Er spielte nur noch Schach, wochen-, ja monatelang. Da mich dieses königliche Spiel ebenfalls reizte und ich unbedingt den Grund für sein merkwürdiges Verhalten erfahren wollte, fand ich mich eines Abends bei Giovanni zum Schachspiel ein.

Giovanni spielte brillant. Ich hatte keine Chance, verlor jede Partie. Schließlich hob ich resignierend die Schultern und sagte:

„Wozu eine Frau einen Mann bringen kann! Da kannten Sie kaum die Spielregeln, und nun spielen Sie wie ein Gott."

Diese Bemerkung war Absicht, Berechnung, ein gezielter Schuss.

Giovanni sah mich an, kniff, merkwürdig lauernd, als habe ich sein tiefstes Geheimnis erraten, die Augen zusammen. „Wie kommen Sie darauf?" fragte er.

„Ein offenes Geheimnis", antwortete ich. „Jeder im Kontor weiß, dass Sie Doña Anna verehren."

Giovanni wurde noch bleicher als sonst.

„Sie hat es erzählt?"

„Nein, hat sie nicht", antwortete ich. „Sie hat nichts erzählt, aber wir haben ja gesehen, welche Wirkung Doña Anna auf Sie hatte."

Giovanni lachte plötzlich. „Warum nicht? Ich kann es Ihnen verraten. Es ist vorbei. Ehe Sie abgrundtiefe Geheimnisse vermuten und diese Sphinx Ihnen ebenfalls den Kopf verdreht, kläre ich Sie lieber auf. Kommen Sie, nehmen Sie noch einen Cognac. Es hört sich dann besser zu. Auch wird Ihr Rippenfell davon geschmeidig.

Sie kennen ja das Restaurant des Spaniers unserem Kontor gegenüber. Sie wissen auch, dass Doña Anna jeden Nachmittag gegen Fünf, wenn sie ihre Korrespondenz erledigt hatte, dorthin ging. Sie löffelte bei dem Spanier immer Tintenfischsuppe. Sie war verrückt danach. Eine kauzige Leidenschaft, wohl eine Erinnerung an Spanien. Die Leidenschaft galt in der Tat nur der Suppe. Der Spanier ist glücklich verheiratet.

Eines Tages, es war später als 17 Uhr geworden, hatte Doña Anna noch Korrespondenzen zu erledigen. Auch ich saß dieses Mal länger als sonst im Kontor. Kurz vor 18 Uhr erhob sie sich, sah mich alleine am Pult sitzen, kam auf mich zu, sah aus dem Fenster zu dem Spanier hinüber und seufzte tief auf.

,Haben Sie nicht Lust mitzukommen?' fragte sie mich. ,Tintenfischsuppe, ein Glas Wein?'

Ich wurde blass, bekam das Zittern.

,Kommen Sie!' sagte sie. ,Kommen Sie doch mit! Oder wollen Sie hier sitzen bleiben?'

,Nein!' antwortete ich. ,Ich komme mit.'

Wir gingen zu dem Spanier, saßen uns an einem kleinen Tisch gegenüber. Sie bestellte Tintenfischsuppe, zwei Portionen. Mit Andacht löffelten wir, saßen uns gegenüber und sahen uns manchmal an. Das ganze Restaurant war in ein rotes, weiches Licht getaucht. Da kam es über mich. Ich war wie verzaubert. Ich sah Doña Anna an und sagte:

‚Anna, wir zwei, wir passen zusammen. Ich will mutig sein. Einmal im Leben will ich mutig sein und über meinen Schatten springen. Werden Sie meine Frau!'

Sie hätten es erleben sollen, das Schweigen danach. Eine Ewigkeit, eine quälende Ewigkeit. Doña Anna sah mich an mit weit aufgerissenen Augen, blickte dann nieder auf ihren Teller, griff in ihre Handtasche, kam mit einer Sonnenbrille zum Vorschein, setzte sie auf. Erst danach schaute sie mich wieder an, sagte:

‚Oh, Sie machen mich betroffen. Meine Augen sind ganz feucht geworden. Aber bitte, lassen Sie mir Zeit!'

Ich jubelte. Doña Anna war betroffen, gerührt, zutiefst bewegt. Ich, der hässlichste Mann im Kontor, hatte Chancen bei ihr. Wie sehr genoss sie unser Zusammensein! Eine volle Stunde saß sie über ihrer Suppe, schöpfte langsam, geradezu behutsam, schmeckte und tastete mit der Zunge genießerisch, genoss die mediterrane Köstlichkeit. Alles nur, dachte ich, um die Zeit zu dehnen und lange mit mir zusammen zu sein. So jedenfalls habe ich es mir ausgelegt.

Gegen 20 Uhr hatte sie den letzten Löffel genommen, blickte traurig auf den leeren Teller, ging sogar ganz nahe mit ihrem Gesicht an den Rand, so als könne sie nicht glauben, dass unser gemeinsames Essen schon vorbei sei. Schließlich sagte sie:

‚Was für ein schöner Abend! Zur Erinnerung möchte ich den Teller mitnehmen. Als Souvenir.‘

Mein Blut rauschte. Mir wurde heiß.

‚Ich schmuggle ihn raus‘, flüsterte ich. Unter meinem Pullover. Der ist weit genug.‘

‚Nein, nein!‘ winkte sie ab. ‚Das mache ich ganz offiziell.‘

Sie stand auf, ging zu dem Spanier, der hinter dem Tresen stand. Sie ging langsam, etwas unsicher, so als zögere sie noch. Dann aber stand sie vor ihm und verhandelte. Der Spanier lächelte, nickte.
‚Si, si, Señora! Nehmen Sie ihn mit.‘

Der Spanier ging in die Küche, erschien mit einer Tüte. Doña Anna nahm sie, dankte, kam lächelnd an unseren Tisch, schob den Teller in die Tüte.

Ob ich ein Kavalier sei, fragte sie. ‚Aber ja!‘ antwortete ich.

‚Dann begleiten Sie mich doch bitte nach Hause!‘ sagte sie.

Ich begleitete Doña Anna nach Hause. Sie hatte sich sogar bei mir eingehakt. Wie mein Herz schlug! Unterwegs erbot ich mich, den Teller zu tragen. Aber sie lehnte ab, presste ihn nur noch fester an sich und trug die Tüte die ganze Zeit waagerecht vor sich her.

Schließlich waren wir angelangt, standen vor ihrer Tür. Mein Mund war trocken. Ich zitterte. Würde sie mich noch zu einer Tasse Kaffee oder sogar zu einem Glas Wein einladen?

Es kam ganz anders. Sie bat mich nur, die Haustür aufzuschließen, dankte mir für einen schönen Abend und verschwand. Ich Verblendeter aber jubelte weiter und ging beschwingt nach Hause. Was für ein Abend! Wie schön, Doña Anna am Morgen wiederzusehen!

Doch am nächsten Morgen war sie kühl und verschlossen, redete nicht mit mir, ja, sah mich nicht einmal an. Zweifel zogen herauf, die stumme Qual des Abgewiesenseins. Ich hatte den Himmel gesehen und plötzlich zog sich alles erstickend zusammen. Ein scheußliches Gefühl!

Am Abend ging ich wieder zu dem Spanier. Ich wollte Klarheit haben und wissen, warum sie den Teller mitgenommen hatte.

‚Señor‘, sagte ich, ‚die Dame gestern Abend, der Teller. Sie hat den Teller mitgenommen. Wollte sie wirklich ein Souvenir haben, eine Erinnerung an einen schönen Abend?‘

Der Spanier schüttelte den Kopf, lachte. ‚No, Señor! No! Sie hat den Teller zurückgebracht. Eine ehrliche Dame.‘

Ich sah ihn erstaunt an. ‚Sie hat den Teller zurückgebracht?‘

Der Spanier musterte mich, als sei ich nicht ganz richtig im Kopf. Dann sagte er:

‚Señor, die Dame hat, nun ja, die Dame hat ihre Kontaktlinsen in die Suppe fallen lassen.‘“

Ich lachte, lehnte mich in meinem Sessel zurück und lachte. „Doña Anna? Unsere Doña Anna?“

„Ja“, sagte Giovanni. „Unsere Doña Anna. Sie ist kurzsichtig und hat, wie ich auch durch das Glas der Sonnenbrille erkennen konnte, eher blassblaue Augen. Aber sie will unbedingt schwarze haben. Spanierin!‘

Ich zündete mir ein Zigarillo an. Sumatra spezial, stark, würzig, leidenschaftliches Aroma.

„Was für eine seltsame Geschichte!" sagte ich. „Doch erklären Sie mir bitte eins: Warum spielen Sie seitdem so besessen Schach?"

Giovanni sah mich fast verächtlich an.

„Denken Sie doch nach! Es ist einfach. Schach ist ein durchsichtiges Spiel, logisch und wahrhaftig. Anders als Doña Anna. Beim Schach folgt die Dame meinen Überlegungen und Plänen. Ich kann sie sogar verlieren und trotzdem gewinnen. Beim Schach kann ich mit der Dame machen, was ich will."

Rock n' Roll, Honey

Anfang der 50er. Hansestadt Lübeck. Man hörte AFN. Das war der Aufbruch in eine verheißungsvolle Zukunft. In eine neue Zeit. Der Rock n' Roll, Honey. Das ist längst allseits bekannt. Bisher unbekannt ist allerdings eine kleine, klitzekleine Anekdote, die aber ganz Lübeck gerockt hat. Damals. In den 50er. Hallo?! Was war geschehen?

Lübeck hörte, wie gesagt, AFN. Rauf und runter. Den ganzen Tag. Und nun gab der Sender eines Tages bekannt, dass der große Les Paul im Lübecker Offizierscasino ein Rockkonzert geben wird. Man spielte zu diesem Zweck den damals populären Künstler bei AFN. Rauf und runter, wie gesagt.

Mensch, was für ein Event?! Gerade unter der ausgezehrten und doch unter Hochspannung stehenden Lübecker Stadtjugend, die sich nach jedweder Kurzweil und wildem Tanz in der sonst so tristen und harten Zeit sehnte. Damals. In den 50er.

Dahin wollten nun allesamt und sonders. Die Mädchen nähten an ihren Petticoats. Die Jungs wienerten ihre

Tanzschuhe, soweit sie welche hatten. Zu dieser Zeit arbeitete mein Vater Harald als 20jähriger Lehrling für Rundfunkmechanik in der Gemeinschaftswerkstatt Bruno Riep am Lübecker Salzspeicher. Genau gegenüber dem Holstentor. Soweit, so gut.

Bei den Konzertproben von Les Paul, der im Übrigen zu den Gründern des späteren ‚Hawaiigitarrensounds‘ zählt, nun der Schock! Die elektrische Gitarre von Les Paul schwieg wie ein Grab. Es war nichts zu machen?! Keinen einzigen Ton gab sie von sich. Basta. Also, was tun?! Die Veranstalter schickten nach Meister Riep. Hilfe?!

Riep ließ sich nicht lange bitten, denn er wusste ja, dass das Spektakel am nächsten Abend stattfinden sollte. Klar. Man überlegte nach ersten Untersuchungen, wer der dringenden Aufgabe gewachsen wäre?! Wer macht es?

Dazu muss man Folgendes wissen: Die elektrischen Tonabnehmer dieser Zeit ließen sich noch in ihre Einzelteile zerlegen. Und das waren elektrische Spulen. Die aber waren durchgeschmort. Ersatzteile gab es nicht. Fehlanzeige. Eine neue E-Gitarre. Gab es nicht. Fehlanzeige. Was tun?

Eine von technischer Seite her gesehen äußerst filigrane Arbeit, die viel Fingerspitzengefühl erfordert, stand nun ins Haus. Um die elektrischen Spulen neu zu wickeln braucht es Geduld und Spucke. Und eine Riesenportion Glück, wohlgemerkt, denn die kleinste Unregelmäßigkeit beim Wickeln kann sofort einen neuen Brand auslösen. Also, wenn die Spulen schief gewickelt worden wären, hätte die Gitarre keinen Mucks von sich gegeben oder wäre wieder in Flammen aufgegangen. Dann hätte man sich bis auf die Knochen blamiert. Basta, Rock n' Roll, Honey!

Die Gesellen lehnten allesamt ab. Keiner wollte sich vor dem Meister und schon gar nicht vor dem gesamten Publikum eine Blöße geben. Die Zeit drängte. Es musste schnell gehen, sonst wäre das Konzert geplatzt und alle hätten ziemlich dumm dagestanden. Als begossene Pudel sozusagen. Man wollte und musste aber gerade in der Nachkriegszeit den Siegermächten beweisen, dass die Deutschen auch zu konstruktiven und kooperativen Leistungen fähig und vor allem willens sind. Also, wer macht es?!

Klar. Der Lehrling muss ran. Wenn es schiefgeht?! Sein Pech. Und alle anderen sind fein raus. Und?! Der Lehrling macht es. Er sagt zu. Aus freien Stücken, wie später man weiß. Mein Vater, Harald, machte sich frisch und frei ans Werk. Ohne groß zu zaudern, wickelte er die Spulen fein säuberlich neu. Und wickelte die ganze Nacht. Und was geschah dann? Nun, er hat das Baby geschaukelt. Die Musik, der Rock n' Roll, war auf einmal wieder da! Er wurde von den Amerikanern unter großem Jubel ins Casino eingeladen. Hello, welcome! Mein Vater, Harald, wurde als Mann des guten Tons in Lübeck geehrt.

Er verbrachte fröhlich und ausgelassen den ganzen Konzertabend tanzend und turtelnd mit all den schönen Töchtern der Hansestadt, die natürlich auf die Einladungen der Amerikaner zahlreich erschienen waren.

Was machten die anderen? Die Jungs mussten leider allein mit AFN am Radio sitzen. Ganz ohne die Petticoatmädchen und die Rock n' Roll Kapelle. So ein Schiet hätte man wohl damals nicht ohne Grinsen im Gesicht dazu gesagt. Basta. Honey!

Stefan Koppermann (Eine überlieferte Erzählung anlässlich der Trauerfeier von Herrn Harald Koppermann im Juni 2020)

Begleitbrief eines Tagebuchs

Aus Südfrankreich erreichte uns das Tagebuch eines guten Freundes. 'Macht damit, was ihr wollt' schrieb er. „Veröffentlicht es ruhig."

Das tun wir nicht, da es für die Veröffentlichung in einer kleinen Zeitschrift wie dieser zu umfangreich ist. Wohl aber dürfen wir hier den Begleitbrief abdrucken, der in etwa erklärt, warum Rudolf B. in Südfrankreich unterwegs ist. Namen und Orte benennen wir allerdings aus gewissen Rücksichten um. Schreibt Rudolf B. ‚Bonn', so schreiben wir ‚Münster'. Und so weiter. In dem Brief schrieb er:

„Meine Güte, wie hat das Schicksal wieder zugeschlagen! Soll ich dankbar dafür sein? Ich weiß es nicht. Also, wie das gekommen ist, dass ich mich lange nicht mehr bei euch gemeldet habe, will ich hier erklären.

Ich lebte eigentlich gut und solide in Münster. Bei einer Frau, Q. heißt sie, mit der ich im Großen und Ganzen auskam. Das will was heißen bei dem

Beziehungsstress, der heutzutage unterwegs ist. Ich weiß, wovon ich rede. Denn vorher war ich mit I. zusammen, die unentwegt diskutierte. Das fing um zehn Uhr abends an, hörte um fünf am Morgen auf. Hatten wir am Abend eigentlich kein Problem, hatten wir es dann am Morgen. Q. war da anders, wohltuend. Ich konnte zufrieden sein. Eines Tages schlug sie mir vor, wie das denn wäre, wenn ich mir ein paar Laster abgewöhnen würde. Die Qualmerei zum Beispiel.

"Dein T-Shirt stinkt", sagte sie, wenn ich zu ihr ins Bett stieg. Dann hatte ich mich erst einmal umzuziehen. Rauchen musste ich auch immer auf der Terrasse, wodurch ich mir manche Erkältung zugezogen habe. Die Erkältungen wurden durch Antibiotika ausgetrieben. Und die halfen oft nicht richtig oder nur zögernd, weil ich sie immer mit einem Schluck Wein einnahm.

Eines Tages sagte ich: "Ich nehme dieses antibiotische Zeug nicht mehr. Ich muss meine Abwehrkräfte stärken, damit ich mich auf deiner Terrasse nicht mehr erkälte."

So kurz, so gut. Ich suchte eine Heilpraktikerin auf. Die Auswahl traf ich nach dem Reiz des Namens. In einem Nachbarort von Münster traf ich auf solch einen wohlklingenden Namen. Lucy gefiel mir sehr. Es hatte etwas Beschwingtes. Also ging ich dahin und erklärte mein Problem.

"Das machen wir homöopathisch", sagte sie. "Zuerst testen wir ein Mittel aus, das mache ich mit einem Tensor, und dann schalten wir auch noch ein paar begleitende Maßnahmen ein. Sie sind Raucher, nicht wahr? Ich rieche das."

"Ja, ja", sagte ich. "Und wie!"

"Das ersetzen wir durch schönere Sachen. Zum Beispiel durch eine Massage. Das tut auch Ihrem Rücken gut. Sie gehen ein wenig krumm, wie ich bemerkt habe."

Als homöopathisches Mittel fand sie für mich heraus den roten Sonnenhut. Ich lutschte drei Globuli und bekam die Anweisung, für längere Zeit keinen Kaffee zu trinken und auch keinen Wein. Zigaretten wären natürlich ganz unmöglich. "Qualmen und zu einer Heilpraktikerin gehen, nein, nein!" Sie schüttelte den Kopf.

Dann kam die Massage. Ich lag mit dem Bauch auf einer Pritsche, wurde mit schönen Ölen eingerieben und spürte sanfte und manchmal auch kräftiger zupackende Hände. Besonders angenehm war es, wenn sie über den LWS-Bereich nach unten hinauskam. Da fing ich an zu träumen.

Einmal sagte sie: "Sie haben richtig schöne Brötchen dahinten." Ich hörte das wie in Trance und dachte: "wenigstens etwas".

"So", meinte sie dann nach einer halben Stunde, "Sie können sich umdrehen."

Das tat ich und sah, wie sie vor mir stand und den Kittel aufgeschlagen hatte. Darunter war sie nackt. Wir vögelten zwei Stunden und ich sagte immer wieder: "Ach, ist das schön!"

So kurz, so gut. Wir fingen ein Verhältnis an.

Wie ihr wisst, bin ich Vertreter für Heizöfen. Da L. immer nur am Wochenende frei hatte, erklärte ich Q., die Firma habe ein neues Absatzgebiet aufgetan, das ich für die Startphase auch am Wochenende zu bereisen hätte. Es kam, wie es kommen musste. Ein paar Wochen funktionierte das, dann hatte Q. herausgefunden, was ich trieb. Ein Anruf bei der Firma hatte genügt. Die wussten natürlich nichts von einem neuen Absatzgebiet.

"Heraus mit der Sprache!" sagte sie zu mir. "Karten auf den Tisch!"

Ich gestand.

"Die oder ich!" sagte sie.

"Warum nicht beide?" meinte ich und handelte mir eine Ohrfeige ein, für die ich viel Verständnis hatte. Denn als blöder Vertreter kann man sich zwei Frauen nicht leisten.

Ich überlegte: Bei welcher von beiden bleibe ich denn? Ich kam zu keinem Ergebnis. Es quälte mich. Q. war eigentlich immer sehr nett zu mir. Ich hatte sie gern. Bei L. verlor ich die Besinnung, wenn ich mit ihr vögelte. Allerdings durfte ich nicht mehr rauchen. Es half auch nicht, dass ich einen Kompromiss vorschlug und anbot, wenigstens beim Vögeln nicht zu rauchen. Das hat sie empört und ich hatte Mühe, meinen Vorschlag als dummen Scherz hinzustellen.

Ich hatte viel Kummer in der Zeit und sprach wieder herzhaft dem Wein und dem Tabak zu. Und, liebe Freunde, es kam, wie es kommen musste. Ich habe beide Frauen verloren. Und auch meinen Job als Heizofenvertreter, weil die Firma argwöhnte, ich würde mich mit neuen Produkten in neuen Gebieten herumtreiben.

Bei Q. konnte ich nicht mehr wohnen, weil sie auf eine verlässliche Mieteinnahme angewiesen war, und L. wollte so ein verqualmtes Exemplar wie mich nicht dulden.

"So nett du auch bist, das kann ich nicht", meinte sie.

So kurz, so gut. So beschloss ich also, mit dem letzten Ersparten durch die Wälder zu laufen. Ich packte meinen Rucksack und ein Zelt dazu und entschied mich für Südfrankreich, weil das Wetter da besser ist.

Wie das nun alles weitergeht, weiß ich nicht. Aber es ist schön, vor einem französischen Bistro zu sitzen, zwei oder drei petit café zu bestellen und mit dem Gesicht zur Sonne hin zu rauchen. Es tut mir einfach gut. Mehr als die Globuli oder die Antibiotika. Dass ich zur Zeit nicht vögel, ist schmerzlich. Und es war ja auch nicht das Vögeln allein. Es ist einfach schön, ein Weib im Arm zu haben. Auch mit ihm zu reden, wenn es nicht zum Übermaß wird. Aber dass sie einen immer so beeinflussen wollen! Kann mich nicht mal eine so nehmen, wie ich bin?! Ich bereite ihr bestimmt auch viel Spaß. So aber passe ich mich zunächst gutwillig an, bemühe mich, werde jedoch zunehmend missmutiger, und dann geht es bald bergab.

Jetzt trabe ich also durch französische Wälder und weiß nicht, was wird. Aber ihr wisst auf jeden Fall schon mal, was mit mir los ist. Wenn nicht, seid ihr auch nicht besser dran als ich.

Brief von Rudolf B.

Filterblase

Ich stecke in einer Filterblase.
Ich stecke hier in einem Sumpf.
Oh, mein süßer Hoppelhase
Du bist im Spiel der Trumpf.

Stefan Koppermann
(aus dem Gedichtband ‚Poesie deluxe‘)

Ruth

Also, weißt du, sagte Ruth
Nach einer Gedankenpause:
Deine Sachen sind zu altbacken.
Lyrik ist ja schön und gut
Lyrik für das traute Zuhause
Wie das Kissen im Nacken?!

Stefan Koppermann (aus dem Gedichtband ‚Poesie deluxe‘)

Sirenen
(für Alfred Döblin)

Herr O. musste öfter mal
Um das verdammte Riff.
Hingegen der Sirenenball,
der tanzte auf dem Schiff.

Stefan Koppermann (aus dem Gedichtband
‚Unterwegs nach Sterley‘)

Krücke
(für Franz Kafka)

K. verlor seine Krücke.
So wurde sein Auftritt zum Flop.
Dennoch hielt er sich salopp
Und suchte die nächste Brücke.

Stefan Koppermann (aus dem Gedichtband
‚Unterwegs nach Sterley‘)

Aus den Ruinen

Aus den Ruinen
Entstehen neue Gebilde
Und es blühen Lupinen
Auf im Sommergefilde.

Mancher spricht von Glück
Auf dem Weg durch die Auen.
Mancher findet sein Goldstück
Um es sogleich zu verstauen.

Aus den Ruinen
Entstehen neue Gebilde
Und es summen Bienen
In den Lüften milde.

Stefan Koppermann (aus dem Gedichtband
‚Malibu, Mode, Meeresrauschen')

Kornblumenblau

Die Jugend will sich flegeln,
Lümmeln, tanzen und frohlocken.
Alles möglichst ohne Regeln.
Man muss die Spießer schocken.

Wir tranken Holunderschnaps
Und lagen auf der Heide.
Wir lagen inmitten von Raps.
So liebten wir das. Wir beide.

Sommerlich die Natur genießen.
Frei sein: Kornblumenblau.
Mit Kanonen auf Spatzen schießen.
Quatsch machen. Ganz genau.

Stefan Koppermann (aus dem Gedichtband
‚Malibu, Mode, Meeresrauschen)

Mazedonische Mädchentraube

Mazedonische Mädchentraube
Ist gut für unter die Haube.
Es hebt die Stimmung ganz enorm
Und bringt die Gurken schön in Form.

Stefan Koppermann (aus dem Gedichtband
‚Nirwana digital')

Meisterfeier 01

Es brennt in vollen Zügen.
In der Birne gibt es Licht.
Hinein geht's ins Vergnügen.
Was schert uns da die Pflicht?!

Stefan Koppermann (aus dem Gedichtband
‚Nirwana digital')

Über die Jahre

So ein Dichterleben ist hart.
Das läuft schon mal über Jahre.
Frei, nach alter Hofmannsart
Ich mir die Pointe erspare.

Stefan Koppermann (aus dem Gedichtband
‚Nirwana digital')

Spielart

Neuerdings das Gezeter
Um des Kaisers Bart
Sei auf dem letzten Meter
Eine possierliche Art?!

Stefan Koppermann (aus dem Gedichtband
‚Nirwana digital')

Straßenfeger

Hier unser Straßenfeger,
Das ist ein kluger Mann,
Der heimlich Bücher tippt.
Der berühmteste Buchverleger
Der rief bei ihm heute so an:
Wo bleibt Ihr Manuskript?!

Stefan Koppermann (aus dem Gedichtband
‚Fußball, Bier und Freunde‘)

Game Over 03

All zuviel Wohlstand
Schafft uns Lotterbuben
Eine unsichtbare Hand
In all den Schankstuben.

Stefan Koppermann (aus dem Gedichtband
‚Fußball, Bier und Freunde‘)

Orinoko

Still leben wir seitwärts.
Morgens um halb vier.
Ich spüre dein klopfendes Herz,
Denn ich bin bei dir.

Dein Atem, sonst nichts. Stille.
Nackter Lebenswille.
Ich schreibe diese Zeilen.
Sie stürmen und sie eilen.

Eine Weile, die verging schon bald
Und diese Weile ruhig verlief,
Wie ein großer Fluss im Wald.
Ja, der Orinoko, der ist tief.

Wir leben still, so auch im Jubel
Und doch dem Tode zugewandt.
Der Tod verzichtet auf den Trubel.
Er hält die Herzen in der Hand!

Stefan Koppermann (aus dem Gedichtband ‚Poesie deluxe‘)

Scheherazade

Kam der Mond und nachttraumtief
eine schöne, schwarze Katze
durch den großen Bogen lief.

Sterne, Warten, Zigarette.
Dann der Sprung ihr hinterher.
Eingebildet nur die Kette,
alle Warnung sinnlos leer.

Hinterm Bogen nachttraumtief
eine schöne, schwarze Katze
zweimal meinen Namen rief.

Rüdiger Schneider

La Boheme – Eine Bilderreise
(Auswahl aus dem Bilderzyklus von Stefan Koppermann, 2021)

La Boheme 15
VAMOS!
MUCH-
ACHO!

La Boheme 07
POSH!
POSH!!

La Boheme 06

Grün

Grün ist unsere Hoffnung,
grün sei der Planet.
Grüne bringen neuen Schwung,
dass die Erde nicht vergeht!

Kathi Limburger

Klimaexperiment

Lange hatte ich selbst daran geglaubt, dass Kohlendioxid ein sogenanntes Treibhausgas ist, also zu einer Erwärmung der Erde führt. Mit zu großer und allgemein hingenommener Selbstverständlichkeit war das als Ursache für einen Klimawandel in die Welt gesetzt worden. Man bekam durch die Medien Bilder vorgesetzt von schmelzenden Eisbergen und Gletschern, von verzweifelten Eisbären, die auf Schollen trieben. Das Gespenst von in steigenden Fluten versinkender Inseln und ganzer Landstriche wurde an die Wand gemalt.

Im Jahr 2000 durfte ich als Chemiker an einer speziellen Ausbildung für chemische und physikalische Experimente teilnehmen, die die Umwelt betrafen. Der amerikanische Vizepräsident Al Gore hatte dieses Projekt mit dem Namen ‚Globe' ins Leben gerufen. Die Ausbildung fand im DLR statt, im Deutschen Zentrum für Luft- und Raumfahrt in der Nähe des Köln/Bonner Flughafens.

Etwa ein Jahr später hielt ich einen Experimentalvortrag, um dem interessierten Publikum zu zeigen, was für ein

Bösewicht das Kohlendioxid ist. Ich glaubte selbst daran und mit der größten Selbstverständlichkeit hatte ich das betreffende Experiment vorher noch nie ausprobiert. Wegen seiner schlagfertigen Einfachheit schien mir das auch nicht notwendig zu sein.

In einem 200-Liter-Aquarium war zunächst Luft, wie sie eben in der Atmosphäre vorkommt. Stickstoff, Sauerstoff, etwa 0,04% Kohlendioxid. Die Edelgase wie etwa Argon kann man wegen ihrer verschwindend geringen Konzentration vernachlässigen. Eine Glasplatte kam auf das Aquarium, darüber eine Infrarotlampe. Im Aquarium ein Thermometer. Über eine festgelegte Zeitspanne wurden nun Aufheiz- und Abkühlungswerte aufgezeichnet. Danach wiederholte ich dieses Experiment unter genau den gleichen Bedingungen mit einer Atmosphäre von 100% Kohlendioxid, erwartete erheblich andere Temperaturwerte. Aber die Werte waren identisch. Kopfschütteln, Wiederholung des Experiments. Es blieb dabei. Erste Zweifel an der Rolle des Kohlendioxid kamen.

Heute ist mir ziemlich klar, dass diese Rolle des Kohlendioxid einfach nur als Behauptung und Hypothese in die Welt gesetzt wurde, durch nichts bewiesen. Eine treibende Rolle spielt dabei das IPCC, das International Panel on Climate Change, das eine ähnlich globale Funktion hat wie etwa die WHO im Falle Corona. Ein Haufen von Behauptungen wurde einfach in die Welt gesetzt. Welche Interessen stehen dahinter? Wer profitiert davon? Etwa bei dem Handel mit Kohlendioxid-Zertifikaten. Bei Corona ist es offensichtlich, dass die Pharmaindustrie gewaltige Gewinne einfährt. Durch Tests, Impfstoffe. Auch die Maskenproduzenten sowie der Onlinehandel reiben sich die Hände. Die Zahl der globalen Milliardäre nimmt zu.

Ich zitiere aus dem Buch ‚Grün und dumm‘. Ein hoch wissenschaftliches Buch, allerdings mit einem reißerischen Titel, der gleichwohl wahr sein könnte.

„Zur Diagnose des Zustandes von Mutter Erde gibt es Erkenntnisse: Ja, die hat ein knappes Grad erhöhte Temperatur; ja, sie hat heute deutlich mehr CO_2 in der Atmosphäre als vor 50 Jahren; ja, das wurde auch von der Menschheit durch

Verfeuerung fossiler Brennstoffe verursacht. Aber ein entscheidender Punkt ist ungeklärt: Ob die Erwärmung durch das CO2 verursacht wird. Über diesen entscheidenden Punkt muss man so schnell wie möglich Klarheit gewinnen. Wie soll das funktionieren?" [Hofmann-Reinecke, Hans. GRÜN UND DUMM: Die Natur lässt sich nicht zum Narren halten, German Edition, S.118, Kindle-Version.]

Ein wirkliches Treibhausgas ist dagegen gasförmiges Wasser, was auch durch die Elektronenkonfiguration und den Dipolcharakter des Moleküls erklärbar ist. Deshalb ist es zum Beispiel auch völlig hirnrissig mit Wasserstoff betriebene Autos als umweltneutral anzupreisen. Wie so Vieles bei dem Umweltgetue nur auf Unwissenheit und Dummheit beruht. Dass man Greta Thunberg als global gefeierte Umweltaktivistin sogar für den Friedensnobelpreis vorschlägt, kann wiederum nur Kopfschütteln hervorrufen.

Wie gesagt, bei einer Konzentration von 100% Kohlendioxid in einer Atmosphäre kein Wärmeeffekt. Wie denn dann bei nur 0,04%!? Kann es nicht sein, dass eine Klimaveränderung ein ganz normaler natürlicher Zyklus ist, der sich im Laufe der Erdgeschichte immer wieder ereignet hat? Kann es nicht sein, dass sich die elliptische Umlaufbahn der Erde um eine Kleinigkeit verändert hat und dadurch eine leichte Klimaverschiebung erfolgt? Ebenso ist das mit der Erdachse, die nicht unverrückbar konstant ist. Aber in die Umlaufbahn oder die Neigung der Erdachse kann der Mensch nicht eingreifen. Da zaubert man lieber das Kohlendioxid als Verursacher aus dem Hut. Ich kann mich des Gefühls nicht erwehren, dass ich global verarscht werde.

Rüdiger Schneider

O Mito do Boto
(Der Mythos vom 'Boto')

O boto é um delfin rosado no Rio Amazonas. Ele é o animal Sagrado da Rainha das águas. De acordo com uma lenda dos índios, de noite o boto se transforma em um homem vestido de branco que sobe a orla e procura a mais bela garota da aldeia. Com a garota ele fode com total prazer para depois desaparecer outra vez. E' por isso que em muitas certidoes de Nascimento, quando o pai é desconhecido, apenas consta 'Boto'.

Der Boto ist ein rosafarbener Delphin im Amazonas. Er ist das heilige Tier der Wassergöttin. Nach einer Legende der Indianer verwandelt sich der Boto nachts in einen weißgekleideten Mann, der ans Ufer steigt und sich im Dorf das schönste Mädchen sucht. Mit dem Mädchen vögelt er voller Lust und verschwindet dann wieder. So kommt es, dass in manchen Geburtsurkunden, wenn der Vater nicht bekannt ist, einfach nur ‚Boto' steht.

Legende und Übersetzung Flavia Costa

‚Wildes Utopia – Sehnsucht nach der verlorenen Unschuld'

Nach zahlreichen Flügen über das brasilianische Amazonasgebiet, aber auch nach Peru, Kolumbien und Venezuela – ich brachte damals mit meiner Maschine die Baustellenleiter zu ihren Arbeitsplätzen – begann ich mich für die indigene Welt zu interessieren. Dabei stieß ich auf ein Buch von Darcy Ribeiro. ‚Wildes Utopia – Sehnsucht nach der verlorenen Unschuld'. Das Buch, zuerst erschienen im brasilianischen Portugiesisch, liegt auch in deutscher Übersetzung vor (Suhrkamp-Verlag).

Darcy Ribeiro, 1922 in Montes Claros, Minas Gerais geboren, gestorben 1997 in Brasília, war ein brasilianischer Ethnologe, Kulturtheoretiker, Politiker und Schriftsteller.

In dem Buch begegnet mir das Leben der Indios, das so völlig anders ist als unser zivilisiertes oder auch überzivilisiertes. Da sucht einer in Amazonien nach Gold, nach dem Eldorado, und gerät unter die Indios, von deren anders organisiertem, natürlichem Leben er fasziniert ist. Ich zitiere:

„Bewahrt das wilde Utopia eines indianischen Brasiliens etwas von paradiesischer Unschuld, so basiert dagegen das bürgerlich multinationale Utopia der Macht- und Luststrukturen auf einer ausgeklügelten technischen Beherrschung des entmündigten und zum ferngelenkten Automaten mit festgelegter Lustration reduzierten Individuums."

Ribeiros Buch ist reich an ethnologischen und kulturellen Einsichten, aber die Leser werden auch Freude haben an den mit aller Unschuld präsentierten Erotika. Eins der zahlreichen Beispiele:

„Hast du gesehen? Guck mal der Specht, der da auf den Stamm hämmert: toc-toc-toc… Rixca begann aufmerksam, mißtrauisch wie eine Taube, zuzuhören… Rixca fand meine Geschichte wunderbar und ließ mich allmählich immer näher an sich ran… Wir haben wunderbar gevögelt."

Darcy Ribeiros ‚Wildes Utopia' ist polemisch, satirisch, geistreich, macht mit Blick auf die eigene Zivilisation recht nachdenklich.

Flavia Costa

Am Rio Guaíba

„Wer Brasilien wirklich zu erleben weiß, der hat Schönheit genug für ein halbes Leben gesehen."

So schreibt es Stefan Zweig 1941 in seinem Buch ‚Brasilien – Land der Zukunft'. Da war er vor den Nazis in das brasilianische Petrópolis geflohen. Schon 1934 standen seine Schriften auf der Liste der Bücher, die verbrannt werden sollten. Das Zitat stammt also aus dem Exil, einem Exil, das zur Rettung des Lebens notwendig war. Es liegt mir völlig fern, die eigene Situation damit vergleichen zu wollen. Aber ein wenig Zorn auf Deutschland ist mit im Spiel. Über den Kopf der Bürger hinweg wird wegen Corona das Grundgesetz ausgehebelt. Die Menschen werden entmündigt und lassen sich gehorsamst entmündigen. Es deprimiert, sie mit Masken verängstigt herumlaufen zu sehen. ‚Social Distancing' ist verordnet, vieles, was Freude macht und zur Lust am Leben beiträgt, verboten. Eine kollektive Angststörung breitet sich aus und scheint schlimmer als das unsichtbare Virus selbst. Die Medien manipulieren mit Zahlen und Bildern. Die Zahl der Neuinfektionen wird täglich gemeldet und dahinter werden sogleich die Bilder von Intensivstationen geschaltet. Deutschland wird zu einer Gesinnungs- und Gesundheitsdiktatur.

Am 2. November 2020 kommt der zweite Lockdown. Sie nennen ihn, mit einem verschleiernden Euphemismus ‚Lockdown light‘. Hotels können nicht mehr gebucht werden, touristische Reisen sollen unterbunden werden, die Gastronomie macht dicht. Die Kanzlerin bereitet die Menschen auf einen ‚harten Winter‘ vor. Auch völlig unsinnige Maßnahmen gehören zum Katalog. Warum soll man z.B. nicht mehr in den Hallen Tennis spielen dürfen? Nistet sich das geheimnisvolle Virus auf den Bällen ein und überwindet Distanzen von dreißig Metern? Genug davon! Corona hat auch den Aspekt einer Geisteskrankheit. Und hinzu kommt dann noch das Novemberwetter.

Traurig stimmt auch der Gang in die Kirchen. Singen verboten, Maskenpflicht, rotweiße Absperrbänder, die Weihwasser- becken leer. Ausgerechnet die. Wo bleibt da das gepredigte Gottvertrauen? Glaubt man nicht mehr an die schützende und segnende Wirkung? Der christliche Glaube erweist sich als Farce. Die Angst vor dem Virus siegt über die Auferstehung. Die Kirche als botmäßiger Vollstrecker staatlicher Verordnungen!

Wie gesagt: Verglichen mit der Situation Zweigs alles Nichtigkeiten. Aber wenn der Gesundheitsexperte der SPD häusliche Kontrollen vorschlägt, sind wir schon etwas näher dran an der Hausdurchsuchung, die Stefan Zweig 1934 widerfuhr.

Also weg aus diesem Land! Weg von den Verängstigungen und Verboten. Weg auch von dem kommenden, tristen Winter. Für den Flug nach Brasilien brauche ich einen negativen Coronatest und einen triftigen Grund für die Reise.

Wo den Test machen? Er darf nicht älter als 72 Stunden sein. Ende Oktober beginnt ein nerviges Herumtelefonieren. Unter anderem beim Ahrweiler Gesundheitsamt.

„Wofür brauchen Sie den Test?" werde ich gefragt.

„Ich will nach Brasilien."

„Sie dürfen ohne triftigen Grund nicht verreisen."

„So, so!" Ich lege auf.

Teststationen gibt es am Kölner Hauptbahnhof und am Flughafen

Köln/Bonn. Aber dafür müsste man aus einem Risikogebiet eingereist sein. Bei der Teststation am Kölner Neumarkt nimmt man stundenlanges Stehen in einer Warteschlange in Kauf. Ich telefoniere bei den Ärzten im Kreis Ahrweiler herum. Bei den meisten muss man vier oder fünf Tage auf das Testergebnis warten. Dann hat der Test keinen Wert mehr, ist verfallen. Schließlich finde ich in Dernau eine Ärztin, bei der das Ergebnis in zwei Tagen vorliegen soll. Termin also für Montag, den 2. November. Bis Mittwochabend müsste das Ergebnis vorliegen und dann ab nach Amsterdam, übernachten am Flughafen und am Donnerstagmorgen in den Flieger.

Test am Montagmorgen draußen vor der Praxistür der Ärztin. Abstrich tief im Rachen. Würgereflexe. Die Rechnung für die Prozedur: 150 €.

Neben der Praxis gibt es eine Vinothek. Da kann man trotz Lockdown, der ab diesem Tag gilt, noch in einem Erker sitzen und Prosecco trinken. Den habe ich bei dem ganzen Stress und den Ungewissheiten nötig.

Den triftigen Reisegrund, sollte man ihn wissen wollen, fälsche ich. Ich erfinde mir einen Vater, der nach Brasilien ausgewandert ist. Friedrich Schneider, geboren am 15.6.1925 in Trier, gestorben am 2.10.2020 in Porto Alegre, Brasilien. Die Trauerfeier und anschließende Beisetzung der Urne findet am 8. November in der Kapelle des Cemitério Sao José Vila Nova, (Porto Alegre, Brasilien) statt. Diese Informationen stehen auf der Trauerkarte, die ich mir professionell drucken lasse und im Falle eines Falles vorzeigen werde. Auf der Rückseite der Karte steht: „Statt Blumen bitte ich um Spenden für den Amazonas-Regenwald, WWF-Spenden-konto, Kennwort ‚Amazonas‘, Bank für Sozialwirtschaft, IBAN: DE06 5502 0222 2222 22.“ Auf der Vorderseite der Karte steht: „Niemals zuvor habe ich so viel verloren!“

Als Sohn eines ausgewanderten und jetzt verstorbenen Vaters wird man mir die Reise nicht verwehren dürfen. Aber beim Check-In in Amsterdam wollen sie den Reisegrund Gott sei Dank gar nicht wissen. Sie geben sich mit dem Test und einer Fiebermessung zufrieden.

Mit Maske in der KLM-Maschine. Man muss auch fünf frische Masken dabei haben, um vorschriftsmäßig wechseln zu können. Erinnerungen an frühere Flüge werden wach. Die gute, alte Zeit! Wie schön waren doch vor vielen Jahren die Flüge mit Singapore Airlines oder Thai International. Die Maschine war noch im Steigflug, da konnte man sich schon eine Zigarette anzünden und die Stewardessen in ihren asiatischen Kostümen schoben das Cognacwägelchen durch die Gänge. Die Welt hat an Richtlinien, Regularien und Restriktionen gewaltig zugenommen.

Am späten Abend lande ich in São Paulo. Weiterflug mit GOL nach Porto Alegre, Südbrasilien. Da ist jetzt Sommer. Ankunft um Mitternacht in Flavias Haus. Wenn ich von einem Haus spreche, so ist das ziemlich untertrieben. Es ist eine im spanischen Stil eingerichtete Villa mit zahlreichen Räumen, einer großen Terrasse mit Swimmingpool und Aussicht auf den Rio Guaíba, der hier etwa fünf Kilometer breit ist. Palmen und Hibiskussträucher flankieren die Terrasse. Am Morgen endlich sehe ich, in welchem Paradies ich gelandet bin. So heißt auch dieses südliche Viertel von Porto Alegre: Setimo Ceu, siebter Himmel. Kolibris schwirren umher, grüne Sittiche, und sogar die Spatzen sind hier nicht grau, sondern bunt. Im Laufe der Zeit werde ich all die Vögel kennenlernen, die einen morgens mit einem fröhlichen Konzert begrüßen.

Kaffee auf der Terrasse. Sonne, Wärme, blauer Himmel, der Blick auf den Rio Guaíba. Ich bewundere die Flugkunst der Kolibris, die wie ein Hubschrauber auf einem Fleck schwirren können. Sie stecken ihren Schnabel in die winzigen Löcher einer kleinen Säule, die an einer Palme hängt und mit Zuckerwasser gefüllt ist. Das ist ihre ‚Tankstelle'. Dort saugen sie. Sind die Kolibris fort, kommen die Spatzen.

Gegen zehn stehen auch Paulo, Josy und der kleine Brayan auf. Paulo ist der Hausverwalter. Er kümmert sich um Garten, Terrasse, Swimmingpool und die kleinen Reparaturen, die ab und zu fällig sind. Das Zusammenleben erweist sich im Laufe der Zeit als herzlich und unkompliziert. Froh bin ich auch darüber, mit Paulo einen täglichen Schachpartner zu haben. Ich schmunzel über den Spruch einer Bad Breisiger Freundin. Im Juni war das. Da hatten wir über eine ‚menage a trois' diskutiert und sie hatte gesagt:

„Deine nächste Kommune, mein Junge, ist das Altenheim!"

Nun ist es also anders gekommen.

Gegen Mittag erste Fahrt mit Flavias Pajero zum Supermarkt. Die Kühlschränke müssen aufgefüllt werden. Natürlich auch mit Paletten verschiedener Biermarken. Skol, Polar, Heineken und ‚Eisenbahnbier'. Wunderbar ist es, am Abend bei einem kühlen Bier auf der Terrasse zu sitzen, den Sonnenuntergang am Rio Guaíba zu beobachten, und dann ziehen in der beginnenden Dunkelheit die Sterne auf. Am Scheitelpunkt des Himmels auch die Konstellation Jupiter-Saturn-Mondsichel.

Am Samstagmorgen fahren wir zum Club Nautico. Hier gibt es neben dem Segelhafen einen Tennisplatz. Ich habe das Glück, sogleich in eine Doppelrunde mit brasilianischen Senioren aufgenommen zu werden, kann endlich wieder spielen. Mittwochs Tennis mit Flavia. Samstags und sonntags Doppel mit den Brasilianern, mit den Jangadeiros, wie sie sich nennen. Der Name kommt von den schnellen, flachen Segebooten, mit denen sie auf dem Guaíba zum Atlantik jagen.

Tennis: Was in Deutschland wegen dem Lockdown unterbunden war, ist hier wieder möglich.

Ich passe mich rasch der brasilianischen Sitte an, vor dem Match Chimarrao-Tee aus einer Kürbiskalebasse zu saugen. Das ist eine Art legales Doping. Die Herrenrunde hier ist herzlich und lustig und vom Spielniveau her passt es. Nach dem zweistündigen Tennis geht es zu einem erfrischenden Bier unter die Pavillons des Club Nautico. Mein Spieltrieb kann sich voll entfalten. Täglich mit Paulo Schach, dreimal die Woche Tennis und dann kommt freitags noch Poolbillard mit brasilianischen Freunden hinzu. Ich bin froh, mich dem deutschen Lockdown, der Entmündigung, entzogen zu haben. Brasilien hat keinen Lockdown. Ist meine Reise egoistisch? Eine Stuttgarter Querdenkerin wirft mir per Email vor:

„Statt zu demonstrieren widmest du dich deinem Privatvergnügen."

Ich schreibe zurück: „Kann man einem geistig Gesunden vorwerfen, dass er aus der Psychiatrie flieht?"

Die Idylle am Rio Guaíba steht in einem heftigen Kontrast zu den Verhältnissen in Deutschland. Zum Lockdown dort, zur

Isolation, zum Winterwetter, zur täglichen Panikmache. Das Weihnachtsfest in der Heimat wird jetzt wegen der in Aussicht gestellten Lockerungen von Politikern und Virologen als ‚Todesrisiko‘ bezeichnet. Geht's noch!?

Am Rio Guaíba lese ich auch. Albert Camus' Roman ‚Die Pest‘. Da kann man nachverfolgen, was alles passiert, wenn Menschen unter Quarantäne gestellt werden. In der Stadt Oran ist sogar die Postzustellung untersagt, weil Briefcouverts infiziert sein könnten. In diesem Klassiker der Weltliteratur wird die Absurdität der Gesundheitsdiktatur seziert. Nehmen wir einmal den Dialog zwischen dem Arzt Rieux und Rambert, der zufällig in Oran weilt und zurück zu seiner Frau nach Paris will. Rambert braucht eine Bescheinigung, um das unter Quarantäne stehende Oran verlassen zu können.

Rambert: „Ich wollte Sie nur fragen, ob Sie mir nicht eine Bescheinigung ausstellen könnten, dass ich diese verflixte Krankheit nicht habe.“

Rieux: „Und selbst, wenn ich Ihnen diese Bescheinigung gäbe, würde sie Ihnen nichts nützen."

Rambert: „Warum nicht?"

Rieux: „Weil es in dieser Stadt Tausende von Menschen in Ihrer Lage gibt und man sie trotzdem nicht hinauslassen darf."

Rambert: „Wenn sie selbst aber nicht die Pest haben?"

Rieux: „Das ist kein ausreichender Grund. Ich weiß ja, dass diese Geschichte blödsinnig ist, aber sie betrifft uns alle. Man muss sie nehmen, wie sie ist."

Rambert: „Ich bin aber nicht von hier!"

Rieux: „Von jetzt an werden Sie leider von hier sein, wie alle anderen."

Rambert: „Es ist eine Frage der Menschlichkeit, das müssen Sie mir glauben. Vielleicht können Sie sich nicht vorstellen, was eine Trennung wie diese für zwei Menschen bedeutet."

Rieux antwortet ihm, es gebe schließlich Gesetze und Verfügungen, worauf ihm Rambert vorhält, er, Rieux, sei in einer (unmenschlichen) Abstraktion. Er könne sich mit den Verordnungen nicht auf einen Dienst am Gemeinwohl berufen.

Rambert: „Das öffentliche Wohl besteht aus dem Glück jedes Einzelnen."

Ausflüge in die Serra Gaúcho, in das wilde Bergland Südbrasiliens. An einem der Tage auch ein Ausflug in das 200 Kilometer nördlich liegende Torres mit seinen wunderbaren Stränden. Insbesondere ist es der Praia da Guarita mit seinen Buchten und Felsen. Herrlich, in einem der einfachen Strandcafés zu sitzen bei einem Caipirinha. Es ist warm, heiß. Die Temperaturen liegen bei über 30 Grad. Wir übernachten im Hotel ‚Farol', was ‚Leuchtturm' bedeutet. An der Strandpromenade lasse ich mir von einer schönen, brasilianischen Zigeunerin ein weiteres Armband knüpfen. Die große, schlanke, junge Frau hat Rastalocken, die weit über die Schultern fallen. Sie ist mit Tattoos und Piercings geschmückt, trägt einen langen Rock, der den Bauch freilässt, und ein farbenfrohes T-Shirt, auf dem hinten ‚Bob Marley' steht. Ein süßes Weib. Für Flavia kaufe ich an dem Stand einen Ohrhänger mit einer kleinen Muschel und einer Vogelfeder in einem zarten, leuchtenden Rot. Es steht ihr wunderbar. Der Federschmuck ist vom Guara, einem

Vogel, dem die Mythen nachsagen, er habe sein Federkleid bekommen, weil er immerzu Gambas verzehrt. Das mit den Gambas machen wir am Abend auch, im Caminho do pescadores, am Rio Mambituba.

Ganz frei von Corona-Restriktionen ist auch Brasilien nicht. In Torres soll es ein Verbot geben, am Strand zu liegen. Aber darum scheren sich die Latinos nicht. Dicht und fröhlich liegen die Brasilianer am Strand. Social Distancing funktioniert hier nicht. Die Polizei steht im Schatten der Palmen, greift nicht ein, schaut gemütlich zu. So jedenfalls am Praia da Guarita.

Die Stunde, wenn am Rio Guaíba die Morgendämmerung beginnt, gehört der Meditation, dem Nachdenken. Es sind die eschatologischen Fragen, die bedrängen und die rational unlösbar sind. Gibt es einen Gott, gibt es keinen? Woher das Gute, woher das Böse, wie es Boethius in seiner Schrift ‚Trost der Philosophie' fragt. Kann die Philosophie als Akt des Verstandes überhaupt etwas dazu beitragen? Kann es der christliche Glaube? Man war ja bei den Ereignissen, die die Bibel überliefert, nicht dabei, ist auf Überlieferungen, Erzählungen angewiesen. Bei diesen meldet sich der Verstand. Es können ja auch Märchen, Legenden, Mythen, Fälschungen, Wunschdenken sein. Die Fragen ‚woher vor der Geburt, wohin nach dem Tod?‘ entziehen sich der Rationalität, dem wissenschaftlichen Denken und Forschen. „Sein – gewesen sein?" wie es im ‚Homo Faber‘ von Max Frisch steht? Eine kurze Spanne gelebt und dann für die Ewigkeit erloschen? Gibt es vielleicht doch eine Art Akasha-Chronik, wie die Anthroposophen sagen, behaupten, erfinden? Gibt es Paradies, Hölle, Fegefeuer, wie die christliche Lehre es überliefert? Hat der Dalai Lama mit seiner Geschichte von der Wiedergeburt recht? Fragen über Fragen, mit denen man sich scheinbar unnütz quält und die dennoch so wichtig, so zentral im Leben sind.

Wenn diese Fragen nicht über den Verstand lösbar sind, dann ist die Antwort vielleicht wenigstens dem Gefühl zugänglich, ist darüber erahnbar. Liegt der Zugang zu diesem Gefühl bei einem Gespür für die Schönheit der Welt? Bei dem Blick zu den Sternen, beim Rauschen des Windes in den Bäumen, bei den glühenden Farben eines Sonnenuntergangs, beim unbeschwerten Singen der Vögel am Morgen, ja, und auch bei der Schönheit einer brasilianischen Zigeunerin? Um den Zugang zu gewinnen, müsste man sich auf jeden Fall von der materialistisch-wissenschaftlichen Einstellung, Prägung, von diesem Zustand, der in unserer Zeit schon zum Habitus geworden ist, entfernen.

Damit sind wir auch schon wieder bei Corona. In Camus' Roman ‚Die Pest' bezeichnet Pater Paneloux in einer Predigt die Pandemie als eine ‚Geißel Gottes'. Von einer solchen Perspektive sind wir völlig entfernt. Bei den Politikern taucht das als Frage gar nicht auf. Und selbst die Kirche schweigt dazu, lässt sich vom Staat die Gottesdienste verbieten, das Singen untersagen, die Weihwasserbecken trocken legen. Eine wahrhaft gottlose Zeit, wie es schon ein afrikanischer Kardinal in seinem Buch ‚Gott oder nichts' beschrieben hat. Was die eschatologischen Fragen betrifft, sind wir tatsächlich in einem Nichts, in einem Vakuum. Da hilft auch das bevorstehende Weihnachtsfest nichts mehr, dessen Sinn völlig im Konsum-rausch untergegangen ist.

In den Morgenstunden am Rio Guaíba sind all diese Fragen nicht lösbar. Zumindest nicht mit dem Verstand. Die Welt und das Leben sind ein Mysterium.

Der brasilianische Präsident Bolsonaro hat da eine liberalere Einstellung zu Corona. Er sagt: „Menschen sterben eben!" Was soviel heißt wie: „Macht nicht so ein Theater! Frühere Grippewellen waren schlimmer. Mit mehr Infektionen und Toten." Gab es da einen Lockdown? Nein. Da war die Bekämpfung der Infektion noch eine Aufgabe des Immunsystems. Diese Macht haben jetzt in Art einer Diktatur Politiker für sich beansprucht und die Menschen entmündigt. Wäre ich an der Regierung, ich würde sagen:

„Leute, wenn ihr an die Maske glaubt, tragt sie. Wenn nicht, lasst es sein. Es steht euch frei. Geschlossen und verboten wird hier nichts. Tut, was euch Freude macht! Das stärkt das Immunsystem. Wenn nicht, hat der liebe Gott es anders gewollt. Wir leben hier auf Erden nicht ewig. Das Leben ist eine Pilgerreise. Wenn die Zeit gekommen ist, ist sie eben gekommen. Ihr seht ja, dass bei den meisten Corona wie ein Schnupfen ist, vielleicht wie eine mittelschwere Grippe, vielleicht auch, was häufig geschieht, völlig ohne Symptome. Freut euch an der Schönheit des Lebens, genießt es, feiert, steht euch der Sinn weniger nach Feiern, geht in die Kirchen und singt. Lobt Gott! Das ist auch eine sinnvolle Art des Feierns. Bringt euren Fernsehapparat in den Keller. Oder schaut zumindest nicht mehr die Nachrichten, die stündlich auf euch hereinprasseln und euch manipulieren. Geht lieber spazieren, wandern, spielt Tennis oder sonst was, lasst euch Bier und Wein schmecken, habt euch lieb, egal ob tagsüber oder nachts, winkt den Gesundheitsaposteln freundlich zu. Liebt ihr das Risiko, den Schub des Adrenalin, geht zum Bungy Jumping oder springt mit dem Fallschirm ab. Lasst euch eure Freiheit nicht nehmen!" Was, um Gottes Willen ist aus dem deutschen Land der Dichter und Denker geworden!?

Angenehme, schöne Tage auf einer Hazienda in der Nähe von Santa Cruz. Es ist ein kleiner Garten Eden, ein kleines Paradies, das Adiles und Mike angelegt haben. Adiles, Brasilianerin, ist eine Freundin Flavias. Mike ist Amerikaner. Die Gastfreundschaft und Herzlichkeit der Beiden ist wohltuend. Wie mir auch immer wieder diese Herzlichkeit und

Gastfreundschaft der Brasilianer auffällt. Bei der Begrüßung in Santa Cruz gibt es zunächst Aperol und Sekt. Nach einem leckeren Essen sitzen wir auf Barhockern, die im Wasser des Swimmingpools eingelassen sind und genießen kaltes Bier. Die Frauen bleiben bei Sekt. Pedrina, eine Schwester Adiles ist mit dabei. Am Abend gibt es ein Lagerfeuer. Die Frauen tanzen um die Flammen. Der Rauch verjagt die Moskitos. Glühwürmchen blinken zwischen den Palmen. Vom nahen Fischteich das Konzert der Frösche. Am frühen Morgen gehe ich mit der Kamera auf der Hazienda spazieren, bewundere die Blütenpracht und die üppige Vegetation. Die Namen der exotischen, tropischen Pflanzen kenne ich leider nicht. Ein Baum aber fällt mit besonders auf. Der Jabuticaba. Aus der Rinde des Stammes wachsen zunächst grüne Beeren, die man, sind sie schwarz geworden, pflücken und essen kann. Sie schmecken ähnlich wie sonnenreife, schwarze Johannisbeeren.

Ein turbulentes Jahr geht zu Ende. Um Mitternacht, zum Jahreswechsel steigen am Ufer des Guaíba Raketen in den Himmel. In Deutschland ist die Böllerei und das Zünden von Raketen verboten.

Ich möchte länger als drei Monate bleiben, will den Aufenthalt verlängern. Aber die deutsche Diplomatie macht mir einen Strich durch die Rechnung. Mit Arroganz haben die Deutschen die Welt in Hochrisikogebiete eingeteilt. Brasilien gehört dazu. Einreisestopp für Brasilianer nach Deutschland.

„Wenn ihr einen Einreisestopp für Brasilianer verhängt", werde ich im Büro der Policia Federal beschieden, „verlängern wir, wie früher üblich, Ihr Visum nicht. Sie dürfen nach Ihrer Ausreise erst nach 180 Tagen wiederkommen."

Bye, bye, Rio Guaíba! Ein Trost jedoch, dass ich im Februar nicht alleine zurückfliegen muss. Zu Zweit besteht man auch eine deutsche Quarantäne.

Numerische Manipulation

Dr. med. Hubertus Disselhoff

Doktor (wirft die Arme in die Luft): „Aber nein, nein, ich will Ihnen die Impfung doch nicht verweigern! Ich rate Ihnen nur ab. Sie müssen das selbst entscheiden. Wenn Sie darauf bestehen, impfe ich Sie natürlich."

Patient: „Sind Sie ein Querdenker?"

Doktor: „Wo denken Sie hin?! Ich bin kein Querdenker, sondern eher ein Skeptiker. Mich ärgern diese Zahlenmanipulationen, die das RKI, die Politiker und die Medien anstellen."

Patient: „Manipulationen?"

Arzt: „Ja, genau! Manipulationen. Was sagt Ihnen z.B. der Inzidenzwert 100?"

Patient: „Auweia! Bei hundert wird es gefährlich."

Arzt: „So, so. Was bedeutet der Wert denn?"

Patient: „Hundert Neuinfektionen auf 100 000 Einwohner in sieben Tagen."

Arzt: „Richtig! Aber rechnen Sie das doch mal um in Prozente."

Patient: „Kann ich nicht. Mathematik ist nicht mein Ding."

Arzt: „Dann mach ich das für Sie. Der Inzidenzwert in Prozenten ist 0,1."

Patient: „Och, dann ist das ja gar nicht so schlimm."

Arzt: „Eben! Und warum ballert man Ihnen die Hundert an den Kopf und nicht die 0,1 %?"

Patient: „Weiß ich nicht."

Arzt: „Na, liegt doch auf der Hand. Die Hundert klingt groß, bedrohlich. Die 0,1 dagegen, die die realen Verhältnisse logisch wiedergibt, recht harmlos. Man will Sie mit der Hundert ängstigen, in den Glauben an eine Pandemie manövrieren.“

Patient: „Ist das denn gar keine Pandemie?“

Arzt: „Wenn Sie wissen wollen, was wirklich eine Pandemie ist, dann lesen Sie einmal von Hesse ‚Narziss und Goldmund‘ oder von Camus ‚Die Pest‘. Oder sehen Sie sich den Film an ‚A Catedral do Mar‘. Oder stöbern Sie im Archiv der früheren preußischen Gesundheitsbehörden. Da erfahren Sie alles über die Spanische Grippe von 1918-1920. Zwei von drei Bürgern waren infiziert, also fast 70%. 426 000 Deutsche starben daran, also fast fünfmal so viel wie jetzt in ungefähr zwei Jahren Corona. Damals, das war eine Pandemie. Aber doch heute bitte nicht bei einem Inzidenzwert von 0,1%! So ist das eben: Wenn man statt 0,1 einhundert sagt, beeindruckt, verängstigt man die Leute.

Und das, mein Lieber, geschieht mit voller Absicht. Um Sie gehorsam und gefügig zu machen. Ebenso ist das auch mit den täglich gemeldeten Neuinfektionen. Wie viele Menschen keine oder nur schwache Symptome haben, erzählt man Ihnen nicht. Wie hoch die Fehlerquote ist, auch nicht. Bei den Gestorbenen heißt es vernebelnd: ‚Mit oder an Corona'. Knallt jemand mit dem Motorrad an einen Baum, ist tot und wird in der Pathologie posthum positiv getestet, ist das ein Coronatoter. Sie sehen, mein Lieber, wir werden hier numerisch ziemlich verarscht. Aber zurück zum Anfang. Wollen Sie sich noch impfen lassen?"

Patient: „Nö!"

Der digitale Wahn
(im Gespräch mit dem Philosophen Arnold Waidhammer)

Arnold Waidhammer

*Deutschland soll, die Digitalisierung be-
treffend, vorangebracht werden. Gibt es auch
Gegenstimmen? In Bonn traf ich den
Philosophen Arnold Waidhammer und kam ins
Gespräch mit ihm.*

R.: „Herr Waidhammer, erst einmal herz-
lichen Glückwunsch zu Ihrem hundertsten
Geburtstag!"

W.: „Ja, ja, war gestern."

R.: „Sie sind 1921 geboren und überblicken
nun viele Jahrzehnte. Was halten Sie von

der Digitalisierung, die in aller Munde ist
und weiter vorangetrieben werden soll?"

W.: „Was ich davon halte? Kann ich Ihnen
in einem Wort sagen: Nichts! Aber ich will
das selbstverständlich auch begründen.
Schon Goethe und die Romantiker haben
mit der Industrialisierung dunkle Wolken
am Himmel aufziehen sehen. Die
Maschine nahm zusehends den Platz des
Menschen ein. An dieser Stelle einen
Literaturtipp. Die Essays von Nicolas Born
in dem Buch ‚Die Welt der Maschine‘, 1980
erschienen. Inzwischen ist der Unfug ja
viel weiter gegangen. Bahntickets am
Automaten, Automaten und Warte-
schleifen beim Telefonieren, ohne
Computer und Smartphone können Sie
heutzutage ja kaum noch ins Ausland
reisen. Wegen Reiseanmeldung und QR-
Codes zum Beispiel. ‚Quick Response‘
heißen diese Quadrate mit den zahllosen
Würmchen darin. Oh, wie ich diese Dinger
hasse! Was sind die Folgen für den
Menschen? Manipulation, Entpersön-
lichung, Überwachung, Verzweiflung. Wir
Älteren kommen mit dieser digitalen Welt
ja kaum noch zurecht, müssen um Hilfe
bitten, werden gesellschaftlich ausge-

schlossen. Und dann diese ewige Fummelei mit dem Smartphone! Kommunikation nennt sich diese Tipperei. Aber eine richtige Kommunikation ist das gar nicht. Was hat früher ein Indianer gemacht, wenn er jemandem etwas zu sagen hatte? Er hat sich auf das Pferd gesetzt und ist durch die Prärie geritten. Und glauben Sie nicht, dass da Schilder standen. Etwa ‚Beim nächsten Kaktus links abbiegen‘. Glauben Sie bitte auch nicht, dass der Bursche auf seinem Pferd angeschnallt war. Heute leben wir in einer durchregulierten Welt, die kaum noch Freiheitsräume lässt. Und die vielgelobte Digitalisierung trägt dazu mächtig bei. Sie müssen sich den Kopf vollstopfen mit Passwörtern, müssen Cookies und Standortermittlungen zustimmen, werden mit Updates belästigt. Sie haben kein wirkliches Gegenüber mehr, keinen Gesprächspartner. Der Bildschirm diktiert Ihnen, was zu tun ist. Haben Sie kein Smartphone, hält man Sie für ein Relikt der Steinzeit. Kaufen Sie sich so ein Ding und verlassen den Laden, ist das Modell schon veraltet. Die Digitalisierung beherrscht Sie, treibt Sie in die Hektik statt in die Entschleunigung, und fällt mal etwas aus wie Facebook, Instagram oder WhatsApp werden die jungen Leute verzweifelt und bekommen Asthmaanfälle. Meine entscheidenden Einwände gegen die Digitalisierung sind die zunehmende Entpersönlichung und die Manipulation. Entmündigung kommt dazu. In Zukunft fahren Sie auch kein Auto mehr, sondern werden gefahren. Und Ihr Navi zeigt Ihnen nicht nur den Weg, sondern sagt Ihnen auch, was Sie am Ziel wollten. Also, Sie werden in dieser Welt zunehmend verarscht.

R.: „Ein hartes Urteil. Aber etwas Anderes. Wenn ich so richtig schnuppere… Was haben Sie da in der Pfeife?“

W.: „Richtig, richtig. Cannabis. Ich weiß, ist verboten. Das Pflänzchen steht auf der Terrasse.“

R.: „Ist das nicht gefährlich?“

W.: „Ach was! Das Pflänzchen ist umzingelt von Cannabis Sativa, Nutzhanf. Der ist legal, sieht genauso aus, produziert aber kein THC. Die Jungs, ich meine die Polizei, waren auch schon mal hier. Da hab' ich ihnen die Quittung von dem Sativa-Samenkauf gezeigt und das erklärt. ‚Ich mach mir aus den Blättern nur Tee', habe ich gesagt. Damit gaben sie sich zufrieden. Gott sei Dank hatte da meine Queen noch keine Blüten entwickelt, sondern nur die ersten Härchen an den kommenden Knospen.“

R.: „Wie kommt die Polizei dazu, Ihre Terrasse zu besuchen?“

W.: „Nebenan wohnt ein aufmerksamer Biologielehrer.“

R.: „Wo haben Sie die Queen her?“

W.: „Verrate ich nicht.“

R.: „Und den Sativa-Samen?“

W.: „Hab' ich online bestellt.“

R.: „Online! So, so!“

W.: „Denken Sie, was Sie wollen! In dieser Welt ist man wie Odysseus zur List gezwungen.“

Besuch beim Schäferhannes

Der Schäferhannes

Für meine Reportage, ich bin Reporter bei einer Lokalzeitung, dem ‚Frankfurter Fenster‘, will ich jemanden besuchen, der, weil er sich weigert, Fernsehgebühren zu bezahlen, in Erzwingungshaft sitzt. Und zwar in einem Frankfurter Vorort, in Bückelstedt. Der Mann ist ein einfacher Schäfer, hat weder einen Fernseher noch einen Computer und sieht nicht ein, dass er für etwas, das er nicht hat und auch nicht haben will, Gebühren zahlen soll. Sein Name ist Hans Burmeester. In dem Dorf, in dem er wohnt, wird er nur

Schäferhannes genannt. An einem schönen Sommernachmittag mache ich mich auf den Weg nach Bückelstedt, um den Schäferhannes im Gefängnis zu besuchen.

Am Eingang der Anstalt fragt mich eine Vollzugsbeamtin: „Haben Sie einen richterlich genehmigten Besucherschein?"

„Nein, ich dachte…"

„Sie sollen nicht denken, sondern unsere Regeln kennen. Wen wollen Sie denn besuchen?"

„Den Schäferhannes aus Hanitz, den Hans Burmeester. Er hat die Fernsehgebühren nicht bezahlt und sitzt in Erzwingungshaft."

„Ach der! Besorgen Sie sich erst einmal einen Besucherschein. Dann kommen Sie wieder. Was haben Sie denn da in dem Paket?"

„Das ist für den Hannes. Ein Kuchen, Tabak und eine Flasche Ananassaft."

„Ist nicht erlaubt. So etwas dürfen die Gefangenen nur im Kiosk unserer Anstalt kaufen. Was meinen Sie, was man in einem Kuchen alles verstecken kann!"

Ich protestiere. „Der Hannes hat doch nichts Schlimmes gemacht. Er ist doch kein Verbrecher."

„Doch! Man hat sich an die Gesetze zu halten. Dazu sind die da. Der sitzt nicht umsonst hier ein.“

Ich sehe meine Felle davonschwimmen. Aus der Begegnung mit dem Schäferhannes wird wohl nichts. Und ob ich den für meine Reportage fotografieren darf? Wahrscheinlich muss man alles, was man bei sich trägt, beim Empfang abgeben. Insbesondere Handy und Kamera. Man wird durchsucht und gescannt wie im Flughafen.

In einem Gefängnis verliert man leicht die Nerven. Ich auch. „Sie sind aber eine scharfe Tante!“ sage ich.

„Das ist Beamtenbeleidigung. Wenn Sie das noch einmal sagen, zeige ich Sie an. Dann können Sie dem Schäferhannes Gesellschaft leisten.“

„Nein. Noch einmal sagen werde ich das nicht. Aber schreiben. Dann haben Sie es Schwarz auf Weiß.“

„Verschwinden Sie! Sonst rufe ich den Direktor.“

„Tun Sie das! Vorher gehe ich nicht.“
„Ja, das tue ich.“
Die Beamtin greift zum Telefon, tippt eine Nummer. „Herr Böhmer“, sagt sie nach einer Weile. „Hier ist ein aufsässiger

Mann ohne Besucherschein. Beleidigt hat er mich auch."

Es dauert nur zwei Minuten, da erscheint der Direktor. Er macht auf mich einen umgänglicheren Eindruck als seine Vollzugsbeamtin. „Worum geht es denn?" fragt er mich freundlich.

„Ich möchte nur den Schäferhannes aus Hanitz besuchen", sage ich. „Wegen einer Reportage. Dass man sich vorher anmelden muss und eine richterliche Erlaubnis braucht, wusste ich nicht. Ich komme von weither und hätte dann die ganze Fahrt umsonst gemacht."

„Der Schäfer aus Hanitz! Ja, da sollten wir eine Ausnahme machen. Ich habe nämlich eben mit dem Richter telefoniert. Der Gefangene kommt Morgen frei. Die Gebühren sind bezahlt und von der Gemeinde wurde eine Kaution hinterlegt wegen des anstehenden Gerichtsverfahrens. Eine Fluchtgefahr besteht nicht. Da kann gar nichts mehr passieren. Kommen Sie!"

„Paket und Kamera muss er aber hierlassen!" sagt die Beamtin.

„Er muss gar nichts", widerspricht ihr der Direktor. „Das ist ein Sonderfall. Ich führe ihn persönlich ins Besucherzimmer."

Unterwegs fragt mich der Direktor: „Wissen Sie, warum ich bei Ihnen diese eigentlich unerlaubte Ausnahme mache?"

„Nein."

„Weil ich die Nase von manchen Haftgründen voll habe. Ich bin es leid. Es ist gut, wenn mal jemand kommt und eine Reportage macht. Sie ahnen ja nicht, was hier los ist. Täglich werden neue Rentner eingeliefert, die wiederholt schwarzgefahren sind oder Lebensmittel geklaut haben. Die meisten machen das absichtlich und lassen sich erwischen, um endlich versorgt zu sein. Andere können ihre Strom- und Heizungsrechnung nicht bezahlen und landen dann zur Erzwingungshaft hier. Einen ganzen Zellentrakt soll ich umbauen, damit er rollatorgerecht ist. Wo soll das noch hinführen? Und Personal habe ich auch nicht genug, um die Rentner zu betreuen. Das werden täglich mehr. Wir müssen ausbaden, was die Regierung vermurkst. Es ist eine Schande, dass sich bei einem so reichen Land die Schere zwischen Arm und Reich immer weiter öffnet. Banker und Manager sahnen ab in Millionenhöhe und unsere Rentner sammeln Flaschen. So ein System kann nicht gutgehen. Dieser

Schäfer ist eigentlich ein bescheidener, sympathischer, aufrechter Mann, der sich nicht alles gefallen lässt. Dass man den wegen nichtbezahlter Rundfunkgebühren eingebuchtet hat, ist ein großes Unrecht."

So treffe ich den Hannes also doch noch und darf auch ein Foto von ihm machen. Das Paket bekommt er ungeöffnet. Ich sage ihm dazu nur, dass da auch eine Flasche mit Trester drin ist. Wegen der gelben Farbe soll er sich nicht erschrecken.

„Das habe ich mit Malfarbe für Ostereier gemacht", sage ich, „damit man das für Ananassaft hält. Das Etikett habe ich von einer Saftflasche übernommen."

Der Schäferhannes lächelt und nimmt das Päckchen in den Arm wie ein Kind seinen Teddybär.

Der Schäferhannes ist wirklich ein ganz einfacher Mann, der es nur mit seinen Schafen zu tun haben will. Die Fernsehwelt ist ihm völlig fremd, ja sogar unheimlich. Er braucht das Drei-dimensionale, das man anfassen kann. Er ist ein Naturbursche, kein Rhetoriker. Und so antwortet er auf meine Frage, warum er die Gebühr nicht bezahlen wollte, nur: „Wo gibt es denn sowas, dass man für etwas, was man nicht will, bezahlen muss?

Will ich ein neues Schaf, bekomme ich es und zahle auch dafür. Kommt aber jemand und will mir eine Ziege aufschwatzen und ich will die nicht, dann zahle ich auch nicht dafür. So einfach ist das!"

Fernsehen – ohne Worte

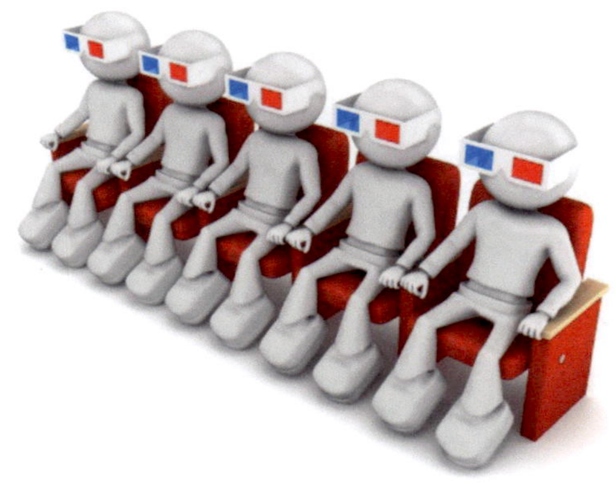

Bildnachweis: Reji/shutterstock.com, Sergey Nivens/shutterstock.com

Die geimpfte Nation: Wie Impfen der Bevölkerung schadet. Warum ADHS, Autismus, Asthma und Allergien dramatisch zunehmen.

„Mehr als 30 Impfungen bekommen Babys durchschnittlich in den ersten 18 Monaten ihres Lebens. Doch sind diese Impfungen wirklich gesundheitlich berechtigt? Andreas Moritz, bekannter Bestseller-Autor von Die wundersame Leber- & Gallenblasenreinigung, hat sich in diesem Buch einer der hitzigsten Debatten unserer Gesellschaft gewidmet. Als er begann, die staatlich verordneten Impfempfehlungen zu hinterfragen, entdeckte er ernsthafte Mängel in der wissenschaftlichen Forschung. Stattdessen berichten Ärzte über Tausende von schweren Impfreaktionen jährlich wie langfristige neurologische Störungen und Autoimmunerkrankungen. Der Autor lässt keinen Aspekt außer Acht: die Impf-Zeitbombe, die Turbo-Impfstoffe, das Gesetz der Zwangsimpfung und warum ständig aufgefrischt werden muss, der Polio-Streit und der HPV-Schwindel, die Hepatitis-B-Impfung als Babykiller, die Verbindung zwischen Quecksilber und Autismus, die Schweinegrippe oder eine Pandemie, die nie ausbrach, die Lüge um die Grippeimpfungen, die versteckten Motive der Impfforschung und vieles mehr. Die größte Täuschung besteht darin, uns glauben zu lassen, dass unsere Kinder in großer Gefahr sind, wenn sie nicht gegen Kinderkrankheiten geimpft werden obwohl es längst belegt ist, dass diese zur Entwicklung unserer natürlichen Widerstandskraft notwendig sind. Statt-dessen wird das kindliche Immunsystem mit Impfstoffen und ihren fremden Proteinen und chemischen Zusatzstoffen wie Quecksilber und Aluminium geschwächt bzw. geschädigt. Wer sich gründlich über die wahre Geschichte und die Hintergründe des Impfens informieren möchte, bekommt in diesem sehr empfehlenswerten Buch alle seine Fragen beantwortet. Ein Buch, das den Leser aufrüttelt, auf den eigenen Körper zu hören und ihn bestärkt, Verantwortung für die eigene Gesundheit zu übernehmen."

Die weiße Mafia: Wie Ärzte und die Pharmaindustrie unsere Gesundheit aufs Spiel setzen.

„In unserem Gesundheitssystem herrschen mafiöse Verhältnisse. Um den Profit der Ärzte und der Gesundheitsindustrie zu sichern, werden überflüssige Operationen durchgeführt und Medikamente verschrieben, die mehr schaden als nutzen. Gesunde werden zu Kranken erklärt, weil Laborwerte willkürlich festgelegten Normen nicht entsprechen oder Röntgenbilder völlig unbedenkliche Abweichungen vom Ideal zeigen. Die industrienahe »medizinische Selbstverwaltung« weigert sich, auf wissenschaftliche Erkenntnisse zu reagieren, und verhindert so den Fortschritt – vor allem, wenn die Wissenschaft gut etablierte Geschäftsmodelle bedroht. Der mehrfach preisgekrönte Wissenschaftsjournalist Frank Wittig recherchiert seit vielen Jahren im Medizinbetrieb und ist dort auf skandalöse Zustände und eine »weiße Mafia« aus Ärzteschaft und Industrie gestoßen, die sich gnadenlos an Gesunden und Kranken bereichert. Wittig deckt auf, wo es krankt im System, und gibt Hinweise, wie wir als Patienten beim Kontakt mit Medizinern das Risiko verringern, Opfer der weißen Mafia zu werden. Ein Buch, das anklagt, aufrüttelt und aufklärt. Denn Erkenntnis ist der erste Weg zur Besserung – des Systems und der eigenen Gesundheit.“

Die Herausgeber:

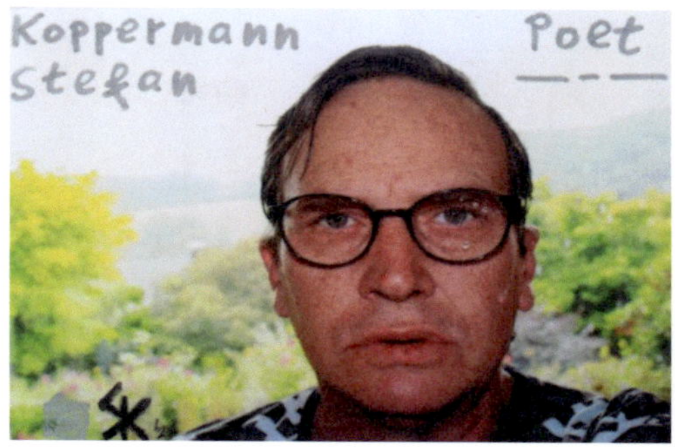

Stefan Koppermann wurde 1965 in Bensberg
geboren. Er studierte Rechtswissenschaften in Köln
und Regensburg. Nach ausgedehnten Fernreisen
arbeitet er heute als Schriftsteller und Maler
zeitweise auf den Kanaren und in Köln. 1989 hat er
die Literaturzeitschrift 'Scheherazade'
mitbegründet. Hier veröffentlichte er zahlreiche
Gedichte und Erzählungen sowie Illustrationen.
Bisher sind folgende Gedichtbände erschienen:

Es knistert leis', 2004
Tila und der Tulpenbaum, 2006
Ins Nachtgrau, 2008
Bikinibombe, 2011
Malibu, Mode, Meeresrauschen, 2020
Nirwana Digital, 2020
Poesie deluxe, 2020
Unterwegs nach Sterley, 2021
Fußball, Bier und Freunde, 2021

Website: www.stefankoppermann.de

Rüdiger Schneider bereist gerne den Amazonas
und besucht dort die Indianerstämme der Mahnxi,
der Makuxi und der Maku.

Website: www.ruediger-schneider.net